BAND 53 DER EDITION LYRIK KABINETT

Herausgegeben von Michael Krüger, Holger Pils und Piero Salabè
Gegründet von Ursula Haeusgen

Henri Cole

Blizzard

Gedichte

Zweisprachig

Aus dem Englischen von
Henning Ahrens

Hanser

Für Rachel Jacoff

Abends kocht manchmal eine Freundin;
unsere Leben vermischen sich.

I

*Versteht ihr jetzt, was der Himmel ist
Er ist das Ringsumher der Lebenden*

James Merrill, The Book of Ephraim

Face of the bee

Staggering out of a black-red peony,
where you have been hiding all morning
from the frigid air, you regard me smearing
jam on dark toast. Suddenly, I am waving
my arms to make you go away. No one
is truly the owner of his own instincts,
but controlling them – this is civilization.
I thank my mother and father for this.
After they died, there were replacements
whose force upon my life I cannot measure.
With your fuzzy black face, do you see me –
a cisgender male – metabolizing
life into language, like nectar sipped
up and regurgitated into gold?

Gesicht der Biene

Aus einer schwarzroten Pfingstrose getaumelt,
in den Morgenstunden dein Versteck vor der Kälte,
beobachtest du, wie ich Vollkorntoast
mit Marmelade bestreiche. Abrupt
wedele ich dich weg. Niemand
hat seine Instinkte ganz unter Kontrolle,
aber diese zu zügeln – das ist Zivilisation.
Dafür habe ich Mutter und Vater zu danken.
Nach ihrem Tod traten andere an ihre Stelle,
ihren Einfluss auf mein Leben kann ich nicht ermessen.
Siehst du, mit deinem struppigen, schwarzen Gesicht,
wie ich – ein männlicher Cisgender – Leben in Sprache
umwandele wie Nektar, aufgesogen
und wieder ausgespien als Gold?

On peeling potatoes

When I peel potatoes, I put my head down,
as if I am still following orders and being loyal
to my commander. I feel a connection across
time to others putting their heads down
in fatigued thought, as if this most natural
act signified living the way I wanted to,
with the bad spots cut out, and eluding
my maker. Instead of cobwebs, tumult,
and dragons, I experience an abundance
of good things, like sunlight leaking through
tall pines in the backyard. I say to myself:
This is certainly not a grunt's knowledge –
perception of a potato as my own soul –
but a sturdy, middle-aged, free man's.

Über das Kartoffelschälen

Kartoffeln schälend, halte ich den Kopf gesenkt,
als befolgte ich nach wie vor Befehle und gehorchte
brav meinem Vorgesetzten. Durch die Zeiten
fühle ich mich jenen verbunden, die gedankenmüde
den Kopf hängen lassen, als entspräche
dieses ganz natürliche Tun dem Leben, wie ich es führen möchte,
ich schneide die schlechten Stellen raus und gehe
meinem Schöpfer aus dem Weg. Statt Spinnweben, Chaos
und Drachen erlebe ich eine Fülle
angenehmer Dinge, etwa den Sonnenschein, der hinten im Garten
    durch hohe Tannen fällt. Ich sage mir:
Darauf versteht sich gewiss kein einfacher Soldat –
in einer Kartoffel die eigene Seele zu sehen –,
ein robuster, freier Mann mittleren Alters aber schon.

Black mushrooms

For Seamus Heaney

The entire fungus world is wild and unnatural.
In cottony growths on the forest floor, a few spores alight,
and, if moisture and food are available, swell and grow
into protuberances, with elongating stems and raised
caps, gills, and veils. It is not always possible to identify them –
white, black, or tan; torn, bruised, or crushed –
some with squat fruit-bodies, others lacelike. Even the luxury-
  loving
Romans savored their palatal starlight. Sometimes,
when I'm suffocating from an atmosphere of restraint
within myself, I fry them up in butter, with pepper and salt,
and forget where the hurt came from. Instead, I experience
desire creating desire, and then some milder version
of a love that is temporary and guiltless, as if twigs
and bark were giving my life back its own flavor.

Schwarze Pilze

Für Seamus Heaney

Die Welt der Pilze ist wild und widernatürlich.
Baumwollene Gespinste auf dem Waldboden lassen Sporen aufwirbeln,
die, dank Feuchtigkeit und Nährstoffen, wachsen
und anschwellen, Stängel und Kappen, Lamellen und Schleier
bilden. Oft sind sie nicht eindeutig zu bestimmen –
weiß, schwarz oder braun; zerfetzt, beschädigt oder zertrampelt –
manche plump, andere grazil. Sogar die luxusliebenden Römer
schätzten diese sternenfunkelnde Gaumenfreude. Manchmal,
wenn ich mich innerlich so stark zügeln muss, dass ich
fast ersticke, schmore ich sie in Butter, mit Pfeffer und Salz,
und vergesse, woher der Schmerz kommt. Stattdessen
spüre ich Verlangen, das Verlangen schafft, danach die milde Variante
einer Liebe, flüchtig und unschuldig, so als würden Zweige
und Rinde meinem Dasein die ihm eigene Würze zurückgeben.

Lingonberry jam

What a wondrous thing to suddenly be alive
eating Natalie's lingonberry jam from Alaska,
where she picked the fruit herself with one seeing eye.
In this tumultuous world we're living in –
with the one-hour news loop – my thoughts
linger, more and more, on the darkish side
as I sit at the table with Mr. & Mrs. Spork,
who still ask me, *Are you married yet?*
But Natalie's lingonberry jam pierces right
through into some deep, essential place,
where I am my own master and no sodomy
laws exist, and where, like a snowflake,
or a bee lost amid the posies, I feel
autonomous, blissed-out, and real.

Preiselbeermarmelade

Herrlich, wie meine Lebensgeister schlagartig erwachen,
wenn ich Natalies Preiselbeermarmelade aus Alaska esse,
sie hat die Früchte selbst gepflückt, mit einem intakten Auge.
Auf dieser turbulenten Welt, die wir bewohnen –
mit Nachrichten im Stundentakt –, verweilen
meine Gedanken immer öfter auf der dunkleren Seite,
zumal ich mit Mr. und Mrs. Spork am Tisch sitze,
die wieder wissen wollen: *Haben Sie endlich geheiratet?*
Natalies Preiselbeermarmelade dringt jedoch
ungehindert bis zu einem tiefen, lebenswichtigen Ort vor,
wo ich mein eigener Herr bin und keine Gesetze
gegen Sodomie existieren, wo ich mich einer Schneeflocke
oder einer zwischen Blumensträußen verirrten Biene gleich
selbstbestimmt, pudelwohl und eins mit mir selbst fühle.

To a snail

Like flesh, or consciousness inhabited
by flesh, willful, bold, *très chic*, the skin
on your gelid body is brownish from age
and secretes viscid slime from your flat
muscular foot, like script, as if Agnes Martin
had wed Caravaggio, and then, after rainfall,
you ran away, crossing a wet road with Fiats
rushing past. Where is your partner?
Contemplating your tentacles and house,
gliding on a trace of mucus from some
dark stone to who knows where,
why do I feel happiness? It's a long game –
the whole undignified, insane attempt at living –
so I've relocated you to the woods.

Auf eine Schnecke

Wie Fleisch oder Bewusstsein, dem Fleisch
innewohnt, eigensinnig, kühn, *très chic*, ist die Haut
deines eiskalten Körpers zu einem Braunton gealtert,
dein platter, muskulöser Fuß sondert einen Schriftzug
schleimiger Sekrete ab, als hätte sich Caravaggio
mit Agnes Martin zusammengetan, und dann, nach einem Regen,
bist du abgehauen, hast eine nasse Straße überquert, auf der Fiats
hin und her sausen. Wo ist dein Gefährte?
Während ich deine Fühler und dein Haus betrachte,
das auf einer Schleimspur von einem dunklen
Stein wer-weiß-wohin gleitet, bin ich glücklich,
aber wieso? Es bedarf eines langen Atems –
dieses ganze würdelose, verrückte Bemühen zu leben –,
also habe ich dich in den Wald umgesiedelt.

To a bat

Pulling on
leather gloves
to pick a groggy
bat from above
the front door,

I put it
outside
in a hydrangea bush.
Where are you going now,
Mr. Bat?

Can you see
your brothers and sisters
fluttering over the treetops?
Can you see
the world is crammed,

corrupt, infuriating,
shallow, sanctimonious,
and insincere?
Thank you for afflicting
my life.

Last night, even the cockroaches
looked up – *Wat dat?* –
as you flared around,
with blind eyes and pure will,
echolocating.

Auf eine Fledermaus

Ich streife
Lederhandschuhe über,
um eine benommene
Fledermaus oben
von der Haustür zu pflücken,

und bette sie
draußen
in einen Hortensienstrauch.
Wohin jetzt,
Frau Fledermaus?

Siehst du
deine Brüder und Schwestern
über den Wipfeln flattern?
Siehst du,
wie eng die Welt ist,

wie verdorben, ärgerlich,
oberflächlich, scheinheilig
und verlogen?
Danke, dass du mein Dasein
heimsuchst.

Sogar die Kakerlaken
schauten auf – *Was'n das?* –,
als du letzte Nacht herumsaustest,
blind und aus schierer Willenskraft,
mit Echos ortend.

Ducked under
the kitchen table,
on which four eggs
huddled in a bowl,
I heard chirping –

accept and forgive,
accept and forgive –
almost beyond human hearing,
and my heart's atria beat faster,
almost healing.

Unter den Küchentisch
gekauert,
auf dem sich vier Eier
in eine Schale kuschelten,
vernahm ich ein Zirpen –

füge dich und vergib,
füge dich und vergib –,
für Menschen nahezu unhörbar,
und meine Herzvorhöfe pumpten rascher,
fast verheilend.

Jelly

For Betty Bird and Susan Thompson

Rubbing the bristle brush across his backbone,
securing the bridle, riding his stretched-out body
on the dirt road to town (past the Texaco station),
and following his head through hair grass and cornflowers,
she was some kind of in-between creature,
browned from the sun. To the sightless,
at the State School for the Deaf and Blind,
knowledge came in small words – under, over,
next to, inside – but it was the clip-clop of Jelly's
hooves, his fragrant mane and muscle memory
that carried her forward, hollering, *Run, Jelly. Run!*
Then, with one soft-firm *Whoa*, he did, though she
was only six, her child-hands gripping the reins tight,
hearts thumping a testimony to the love feeling.

Jelly

Für Betty Bird und Susan Thompson

Sie strich mit dem Striegel über seinen Rücken,
straffte das Zaumzeug, und wenn sie auf der Dreckpiste
zur Stadt preschte (vorbei an der Texaco-Tankstelle)
oder seinem Kopf durch Straußgras und Kornblumen folgte,
wirkte sie wie eine Art Mischwesen,
braungebrannt von der Sonne. An der staatlichen Schule
für Blinde und Gehörlose erweiterte man sein Wissen
anhand kleiner Wörter – unter, über,
daneben, darin –, sie aber wurde durch Jellys
Hufgetrappel, seine duftende Mähne und ihr Muskelgedächtnis
weitergetragen, sie jubelte: *Lauf, Jelly. Lauf!*
Das tat er, bis sie mit milder Strenge *Ho* rief, sie war
erst sechs, hielt die Zügel fest in ihren Kinderhänden,
pochende Herzen zeugten von Liebesgefühl.

To the oversoul

Halfway down the grassy path,
a cemetery cat, a horse chestnut,
a concrete angel. »This is my friend,«
I wrote on blue-lined paper. »Please take
care of her. The tumor-board didn't help her.
Why did they treat her like that? She has
no mother or father. What others call *off-
spring*, these were her talismanic poems.
It doesn't take a lot of strength to hang on.
It takes strength to let go. Please tell that
to the Oversoul.« Then the mommy
cat humped my leg, meowing: *Bliss,
loss, trembling, compulsion, desire,
& disease are coffin liquor now.*

An die All-Seele

Halb den grasigen Pfad hinab
eine Friedhofskatze, eine Rosskastanie,
ein Betonengel. »Das ist meine Freundin«,
schrieb ich auf blau liniertes Papier. »Bitte pass gut
auf sie auf. Das Onkologen-Team half ihr nicht.
Warum wurde sie nicht behandelt? Sie hatte
weder Mutter noch Vater. Was andere *Nach-
wuchs* nennen, waren für sie ihre magischen Gedichte.
Durchhalten kostet nicht viel Kraft.
Loslassen kostet Kraft. Bitte richte das
der All-Seele aus.« Dann buckelte sich die Katzen-
Mama gegen mein Bein und miaute: *Seligkeit,
Verlust, Erbeben, Zwanghaftigkeit, Verlangen
& Krankheit liegen nun unter Friedhofserde.*

The party tent

The tent men arrived bearing sledgehammers
and were young enough to be my sons.
After rolling out the canvas, they drove rods
into the earth, heaving and grunting, with blow after blow.
When they raised the center pole, the tent went up,
with tightening ropes, and I felt my heart accelerate,
my heart that is nothing but a specialized nerve,
which my mind feeds off.
                                      Someday, nature's undertakers –
beetles, maggots, and bottle flies – will carry it
toward the sun. Tomorrow, after the tent is gone,
a crew will remove the damaged sod,
aerate what's underneath, and apply a topdressing
of new sandy soil. Like musical notes or forms
of rock, everything will be forgotten.

Das Partyzelt

Die Zelt-Monteure, jung genug, um meine Söhne zu sein,
erschienen mit Vorschlaghämmern.
Nach dem Ausrollen der Plane schlugen sie Pflöcke
in die Erde, schnaufend und brummend, Schlag um Schlag.
Als sie den Mittelpfosten aufstellten, ging das Zelt in die Höhe,
die Seile strafften sich, und mein Herz schlug schneller,
mein Herz, lediglich ein spezialisierter Nerv,
der meinen Geist nährt.
                      Die Bestatter der Natur –
Käfer, Maden, Schmeißfliegen – werden es eines Tages
zur Sonne emportragen. Morgen, wenn das Zelt weg ist,
wird ein Trupp die beschädigten Grassoden entfernen,
durchlüften, was darunter liegt, und sandigen Boden
aufschütten. Wie Musiknotizen oder Gesteinsformationen
wird dann alles vergessen sein.

At the grave of Robert Lowell

On this tenth day of the year, I play Stravinsky
and sip vodka from a paper cup, taking in the view.
Tendrils twining, leaves rippling, guts absorbing nutrients,
brains marked by experience – all of it is dust now.
He, she, all of them lie under sod, men and women
no longer rivals in love. Bodies grow old and fester.
History is like an Impressionist painting, a variegated
landscape of emotional colors. As night falls,
owls, bats, and hedgehogs come out to hunt.
I take joy in considering my generation. I rewrite
to be read, though I feel shame acknowledging it.
Scattered among imposing trees, the ancient
and the modern intersect, spreading germs of pain
and happiness. I curl up in my fleece and drink.

Am Grab von Robert Lowell

An diesem zehnten Tag des Jahres höre ich Strawinsky,
schlürfe Wodka aus einem Pappbecher und genieße den Ausblick.
Verschlungene Ranken, flirrendes Laub, Därme, die Nährstoffe
   verarbeiten,
Gehirne, gezeichnet von Erfahrungen – all das ist jetzt Staub.
Er, sie und alle anderen liegen unter der Erde, Männer und Frauen,
keine Liebesrivalen mehr. Körper altern und verrotten.
Geschichte gleicht einem impressionistischen Gemälde,
einer vielfältigen Landschaft in ungestümen Farben. Als es dunkelt,
begeben sich Eulen, Fledermäuse und Igel auf Jagd.
Ich denke gern über meine Generation nach. Ich schreibe um,
weil ich gelesen werden will, wie ich beschämt gestehe.
Das Alte und das Moderne kreuzen sich hier und da
zwischen imposanten Bäumen, sie verbreiten Keime von Kummer
und Glück. Ich kuschele mich in mein Fleece und trinke.

Recycling

When the environment deteriorates,
we do, too, so I compost coffee grounds
and recycle green glass. The cadaver goes
to a friend's maggot farm where it is turned
into chicken feed. Where there is danger,
there also grows something to save us.
Bathers at the lake act upon their urges
and create an atmosphere of freedom. The thieving
financier becomes a priest with a shelter.
Me – I have no biological function and grow
like a cabbage without making divisions
of myself. Still, I have such a precise feeling
of the weeks recycling, of a stranger's arrival,
and the tumult righting itself.

Recycling

Geht es mit der Umwelt bergab,
dann auch mit uns, also kompostiere ich Kaffeesatz
und recycle grünes Glas. Den Kadaver bekommt
die Maden-Farm eines Freundes, dort wird er
zu Hühnerfutter verarbeitet. Wo aber Gefahr droht,
wächst Rettendes auch.
Am See leben Badende ihre Bedürfnisse aus
und erzeugen ein Klima der Freiheit. Der räuberische
Finanzhai mutiert zum Priester und gründet ein Asyl.
Ich selbst – ich bin biologisch gesehen nutzlos und gedeihe
wie ein Kohlkopf, ohne mich
zu reproduzieren. Trotzdem registriere ich genau,
wie sich die Wochen recyceln, wie ein Fremder eintrifft,
wie sich das Chaos von allein durchsortiert.

Departure

During the minutes when a truck
sprays frost off the small plane's wings,

two deer graze beyond the tarmac barrier,
their limbs flexible, their rib cages pumping air.

The buck's head is adorned with a forest
that renews itself each year.

*We came down from the mountain
for a ramble*, the doe announces,

wearing an ice frock, sniffing his coarse hair,
the bottoms of their hooves listening to the frozen landscape.

She seems to be only partially certain
he cares for her as she cares for him.

Turning their elegance toward the runway,
they face me as I face them,

then the plane taxis onward and mounts gray
bulbous clouds in a slow dissolve.

Opening a newspaper, I can feel the altitude
against my face, but something deeper:
What was that back there? Time is short.
If tenderness approaches, run to it.

Abflug

Während der Minuten, die das Sprühfahrzeug braucht,
um die Tragflächen des kleinen Fliegers zu enteisen,

äsen jenseits der Asphalt-Barriere zwei Rehe,
gelenkige Beine, ihre Brustkästen pumpen Luft.

Der Kopf des Bocks ist von einem Wald bekrönt,
der sich alljährlich erneuert.

*Wir sind aus den Bergen gekommen,
um auf Erkundung zu gehen*, erklärt die Ricke,

sie trägt ein Eiskleid, beschnuppert das grobe Fell des Bocks,
ihre Hufsohlen lauschen der frostigen Landschaft.

Sie ist sich offenbar nicht ganz sicher,
ob er ihre Zuneigung im gleichen Maß erwidert.

Als sie ihre Eleganz der Startbahn zuwenden,
zeigen wir einander das Gesicht,

dann rollt der Flieger an und steigt auf,
taucht langsam in plumpe, graue Wolken.

Eine Zeitung öffnend, spüre ich die Höhe
im Gesicht, zugleich aber etwas Tieferes:

Was war das gerade? Das Leben ist kurz.
Wenn Zärtlichkeit naht, greif zu.

Paris is my Seroquel

Long may I savor your organ meats
and stinky cheeses, endure your pompous
manners, breathe your gentle gardens,
wake up – beyond boredom and daydream –
under your gray skies, smiling politely
at so many dull faces passing me by,
I, who am normally so restrictive,
except in relation to him I once loved
(worn and dangerous now), each day,
kneeling down as some strange energy
penetrates my forehead, I, striving to draw
nearer to you, and to your stones, without nervousness
or regret, as all the beauty of the world
seems to touch my haunches and hooves.

Paris ist mein Seroquel

Möge ich deine Innereien und stinkenden Käse
noch lange genießen dürfen, deine pompöse Art erdulden,
den Duft deiner lauschigen Gärten atmen und –
Ennui und Tagtraum enthoben – unter deinem
grauen Himmel erwachen, den faden Gesichtern,
die an mir vorbeidriften, artig zulächeln,
ich, der ich für gewöhnlich so verhalten bin,
außer im Falle dessen, den ich einst liebte
(inzwischen verlebt und gefährlich), falle täglich
auf die Knie, während eine merkwürdige Energie
meine Stirn durchdringt, während ich darum ringe,
dir und deinen Steinen näherzukommen, ohne Scheu
oder Reue, während alle Schönheit dieser Welt
meine Hufe und meine Kruppe zu streifen scheint.

Human highway

We were encountering turbulence.
I stood on a gilded balcony,
beyond which a parade of humans marched –
vagrants, self-haters, hermits, junkies,
chumps, the defeated, the paranoid,
the penniless, and those led astray by desire –
moving backwards instead of forwards,
because this is how life can be understood.
Earth fell silent, except for the gnashing teeth
of its tormentors, and it was as if we were in some kind
of holding pattern. Shadows vanished,
but daylight seemed delayed.
                            Then, suddenly,
in the kitchen, coffee percolated.
A pussycat purred at my feet.
I cut open the throat of a grapefruit.
In the backyard, a groggy bat searched for home.
A sapling listed back and forth.
Out on the human highway,
summer rains came early to our small house
across from a cornfield,
and bread and education, too,
as happiness unfolded like a strange
psychedelic moth, or the oldest unplayable
instrument, made from a warrior's skull,
our happiness a little bone flute.

Menschlicher Highway

Wir gerieten in Turbulenzen.
Ich stand auf einem vergoldeten Balkon,
vor dem Menschen paradierten –
Streuner, Selbsthasser, Einsiedler, Junkies,
Bekloppte, die Besiegten, die Paranoiden, die Mittellosen
und die von ihrem Verlangen auf Abwege Geführten –,
nur marschierten sie rückwärts, nicht vorwärts,
denn so kann man das Dasein auch empfinden.
Auf Erden trat Stille ein, nur ihre Peiniger
knirschten noch mit den Zähnen, wir saßen offenbar
in einer Warteschleife fest. Schatten schwanden,
aber das Tageslicht wurde irgendwie aufgehalten.
                                            Dann gluckerte
plötzlich der Kaffee in der Küche.
Ein Kätzchen schnurrte vor meinen Füßen.
Ich schlitzte die Kehle einer Grapefruit auf.
Im Hinterhof suchte eine verwirrte Fledermaus ihr Zuhause.
Ein Schössling schwankte hin und her.
Draußen, auf dem menschlichen Highway,
zog ein Sommerregen verfrüht von einem Kornfeld
bis zu unserem kleinen Haus,
ebenso Brot und Bildung,
während das Glück sich entfaltete wie eine sonderbare
psychedelische Motte oder wie das älteste, unspielbare
Instrument, geschaffen aus dem Schädel eines Kriegers,
ein Glück wie eine kleine, beinerne Flöte.

II

Die Geschichte sagt: Hoff nie
Diesseits des Grabs. *Doch Mut:*
Einmal im Leben kann sie,
Die lang ersehnte Flut
Der Gerechtigkeit, doch steigen,
Geschichte Hoffnung zeugen.

Seamus Heaney, aus Die Heilung zu Troja:
Eine Fassung von Sophokles' »Philoktetes«

Doves

Gray and white, as if with age, or some preserving
of the past, as in Beowulf, our hoary ancestor,
hoary as in a bat or a willow, or the venerable
hoary dove that flew straight into my picture
window today and then lay dead on the front porch.
We buried it – in some distorted version of its normal self –
folded in a white cloth napkin in the backyard.
Still soft enough to be cut into like a cabbage, I thought,
I'm glad I'm not dead. Listen to them now,
higher up in the trees, biting and scratching,
with their unmistakable twitch of life. *Don't fear
nothing*, their twittering voices cry. The true spirit
of living isn't eating greedily, or reflection, or
even love, but dissidence, like an ax of stone.

Tauben

Grau und weiß, wie gealtert, wie etwas Eingewecktes
aus grauer Vorzeit, wie Beowulf, unser eisgrauer Urahn,
eisgrau wie eine Fledermaus oder ein Weidenbaum oder
wie die in Würden ergraute Taube, die heute gegen
mein Panoramafenster flog und tot auf der Veranda lag.
Wir bestatteten sie – in ihrer entstellten Gestalt –,
in eine weiße Stoffserviette gewickelt, hinten im Garten.
Noch schlaff, so leicht zu schneiden wie ein Kohlkopf,
ich dachte: *Gut, dass ich nicht tot bin.* Man lausche ihnen,
wie sie in ihrer offenkundigen Lebenslust
in den Baumwipfeln hacken und beißen. *Fürchte
nichts,* gurren sie laut. Die wahre Lebenseinstellung
ist nicht die, zu fressen, nachzudenken oder gar zu lieben,
sondern unangepasst zu sein wie ein Steinbeil.

Goya

Three corpses bound to a tree stump,
castrated, one without arms, its head impaled
on a branch. A dark impression, richly inked,
with a delicate burnishing of figures. Pondering it,
I feel like a worm worming. If I want the truth,
I must seek it out. The line between the inner
and outer erodes, and I become a hunter putting
my face down somewhere on a path between
two ways of being – one kindly and soft;
the other an executioner. Later, out in the plaza,
I light a cigarette and have a long pull,
with small exhales, taking the measure
of my own hand, its lustrous hairy
knuckles dinged from grinding meat.

Goya

Drei Leichen, an einen Baum gebunden,
entmannt, die eine ohne Arme, ihr Kopf
auf einen Ast gespießt. Dunkel gehalten, satt gedruckt,
zart leuchtende Gestalten. Dies bedenkend,
fühle ich mich wie ein kriechender Wurm. Will ich
die Wahrheit erfahren, muss ich sie suchen. Die Grenze
zwischen innen und außen bröckelt, ich werde zum Jäger,
bette mein Gesicht irgendwo auf einem Pfad
zwischen zwei Lebensweisen – die eine gütig und mild;
die andere die eines Henkers. Später, auf der Plaza,
zünde ich eine Zigarette an, nehme einen tiefen Zug
und atme ruckartig aus, meine Hand
studierend, ihre üppig behaarten Knöchel,
demoliert durch das Wolfen von Fleisch.

Weeping cherry

On a plateau, with little volcanic mountains,
a muddy river, dangerous when the snow melts,
a fertile valley, cattle breeders, and a music academy,
a tall, handsome, agile people, with straight black hair
and an enterprising spirit, lived peaceably. Though
there had never been hatred between the races,
after a quarrel over local matters, massacres came.
Men, women, and children robbed and deported –
an evacuation, they called it. Heads impaled on branches.
Mounds of corpses, like grim flowers knotted together.
A passing ship transported a few to a distant port,
where Mother was born, though now she, too,
has vanished into the universe, and the cold browns
the weeping cherry, vivid red mixed with blue.

Trauerkirsche

Auf einer Hochebene mit kleinen Vulkankegeln,
einem trüben Fluss, gefährlich während der Schneeschmelze,
einem fruchtbaren Tal, Viehzüchtern und einer Musikakademie
führten hochgewachsene, tatkräftige Menschen
mit glatten schwarzen Haaren ein friedliches Leben. Obgleich
es nie Hass zwischen den Bevölkerungsgruppen gegeben hatte,
kam es nach lokalen Zwistigkeiten zu Massakern.
Männer, Frauen, Kinder wurden ausgeraubt und deportiert –
amtlich Evakuierung genannt. Köpfe staken auf Ästen.
Berge von Leichen wie finstere, ineinander verknotete Blumen.
Ein passierendes Schiff rettete einige in einen fernen Hafen,
wo Mutter geboren wurde, nur ist auch sie inzwischen
ins Universum entwichen, die welken Brauntöne
der Trauerkirsche, leuchtendes Rot, vermengt mit Blau.

Migrants devouring the flesh of a dead horse

Since there's no time for grinding or cooking,
it's best not to drag the parts too far.
As the solitary knife goes in and out,
the mama is exhausted but also rather mild
in her expression, and the baby resembles
a sea horse compelled to know something painful.
No one appears left out – stabbing, licking, or chewing –
or sees the texture of the animal's insides
mirrored in the fluttering of cloth, not lightness
or delicacy, but something more basic,
related to the moist earth. Once this horse ornamented
a field, with its flexible limbs and nuzzling head.
Eat me, it neighs now. The tree of life
is greater than all the helicopters of death.

Flüchtlinge, das Fleisch eines toten Pferdes verzehrend

Weil es an Zeit zum Zerteilen oder Zubereiten mangelt,
schleppt man die Stücke besser nicht zu weit.
Während das einzige Messer hinein- und hinausfährt,
wirkt die Mutter erschöpft, schaut aber
liebevoll drein, das Baby gleicht einem Seepferdchen,
konfrontiert mit quälendem Wissen.
Alle beteiligen sich – stechend, leckend oder kauend –,
keiner bemerkt, dass sich die Eingeweide des Tiers
im flatternden Stoff spiegeln, ohne Leichtigkeit
oder Raffinesse, sondern auf bodenständige Art,
ähnlich der feuchten Erde. Dieses Pferd, mit gelenkigen
Beinen und schnoberndem Kopf, zierte einst einen Acker.
Esst mich, wiehert es nun. Der Baum des Lebens
ist mächtiger als alle Hubschrauber des Todes.

To a root in air

Swatting flies from their faces, the boys
play in garbage heaps of burned corncobs
and crushed plastic bottles. Their tear-rimmed
eyes do not seem to bother them. Men chop wood
for fires in tin drums, as if part of some precarious
covenant camped out in shipping containers
on a wind-beaten plain. After turning to smugglers
for passage, they try to seize some knowledge
of good, a second act of sorts, in which their wives
may conceive and their sons not unman them.
Look, there in the white sunlight, a tea rose
is blooming, dug up from a garden far away,
still vivid pink from a woman's energy,
with a hirsute root in air.

Auf eine in die Luft ragende Wurzel

Die Jungs, Fliegen von ihren Gesichtern wedelnd,
spielen auf Müllbergen aus verkohlten Maiskolben
und zerquetschten Plastikflaschen. Ihre Augen tränen,
was sie offenbar nicht stört. Männer hacken Holz,
um Feuer in Blechtonnen zu entfachen, als gehörten sie
einem bedrohten Bund an, der auf einer stürmischen Ebene
in Schiffscontainern haust. Nach der von Schleusern
organisierten Überfahrt versuchen sie, sich auf das Gute
zu besinnen, ein neues Leben zu beginnen, in dem ihre Frauen
empfangen und ihre Söhne sie nicht entmannen.
Sieh nur, im weißen Sonnenschein blüht
eine Teerose, aus einem fernen Garten verpflanzt,
noch rosig durchpulst von weiblicher Tatkraft,
eine borstige Wurzel ragt in die Luft.

(Re)creation

Preferring the company of nature to man,
disappointed in love, he retreated to the desert.
But this was not any ordinary desert,
for helicopters and jets appeared overhead. A parade of camels.
When a lion came out of the darkness,
the man was angry at his horse for not warning him.
Faraway, it was difficult to see the minarets in a steep-sided valley.
When the Taliban seized him,
they put a noose around his neck,
and he messed his pants.
Faraway, a flute played, a missile launched,
and a child kneeled drinking before a well.
Still, whatever the faults of life,
the merriment of it was only partially erased
by the curious flies of Allah investigating
the carrion hanging in the public square.
It was as if this had not once been a man at all,
but instead a white-winged dove,
its solitary neck and breast washed lightly with pink.
Flocks of these doves are a common sight in summer,
nesting in fragile platforms of twigs,
eating small seeds from the desert willow.
On takeoff, they produce, with their wings,
a subtle, unearthly whistle.

(Re)Generation

Lieber inmitten der Natur als unter Menschen,
enttäuscht von der Liebe, zog er sich in die Wüste zurück.
Nur war es keine gewöhnliche Wüste,
Jets und Hubschrauber sausten über ihn hinweg. Eine Kamelkavalkade.
Als ein Löwe aus der Dunkelheit auftauchte,
zürnte er seinem Pferd, das ihn nicht gewarnt hatte.
Die Minarette im fernen, tief eingeschnittenen Tal waren nicht zu sehen.
Als die Taliban ihn schnappten,
legten sie eine Schlinge um seinen Hals,
und er nässte sich ein.
Weit weg wurde eine Flöte gespielt, eine Rakete abgefeuert,
ein Kind trank kniend aus einer Quelle.
Das Leben mag seine Nachteile haben,
und doch wurde das Vergnügen daran durch die Fliegen Allahs,
die den Kadaver, aufgehängt auf dem öffentlichen Platz,
neugierig erkundeten, nur zum Teil ausgelöscht.
Dies, so schien es, war niemals ein Mensch gewesen,
sondern eine weiß geflügelte Taube
mit rosig getönter Brust und Nacken.
Im Sommer sind Schwärme dieser Tauben oft zu sehen,
sie nisten auf zerbrechlichen Plattformen aus Zweigen
und fressen die winzigen Samen der Wüstenweide.
Wenn sie auffliegen, verursachen ihre Flügelschläge
ein feines, überirdisches Pfeifen.

Super bloom

America, like a monstrous sow
vomiting cars and appliances into a green ooze
of dollar bills, where is my America?
Agnostic and uninsured, I eat celery, onions,
and garlic – my Holy Trinity of survival. I go
to the desert and celebrate death-life, picking a nosegay
for my room at the Motel 6. You said you would always
tell the truth, Mr. President, but that was a lie, so I'm
pressing my white face to your White House door,
a kind of pig keeper with an urge for happiness.
At the Morbidity Conference, they said we can't know
our own strength. They said we're like roses sprayed
with pesticide. They said one man in a long black car
can't ever really empty out the fullness.

Megablüte

Amerika, diese monströse Sau,
die Autos und Haushaltsgeräte in eine grüne Pampe
aus Dollarscheinen erbricht, wo ist mein Amerika?
Agnostisch und unversichert, esse ich Sellerie, Zwiebeln
und Knofi – meine Heilige Dreifaltigkeit des Überlebens. Ich gehe
in die Wüste und zelebriere Tod-Leben, pflücke ein Bukett
für mein Zimmer im Motel 6. Sie haben beteuert, stets
die Wahrheit zu sagen, Herr Präsident, aber das war gelogen, also
presse ich mein Gesicht gegen die Tür Ihres Weißen Hauses,
gewissermaßen ein Schweinehirte, der nach Glück strebt.
Auf der Morbiditäts-Konferenz hieß es, wir kennten
unsere eigene Kraft nicht. Es hieß, wir seien wie Rosen
voller Pestizide. Ein Mann in einer schwarzen Limousine, hieß es,
werde es niemals schaffen, die Fülle vollends zu erschöpfen.

Gross national unhappiness

No, I am not afraid of you
descending the long white marble steps
from a White Hawk helicopter
to a state-sponsored spectacle
of mansplaining and lies.
If you divide the sea,
you will wind up in a ditch.
The she-goat will mount the he-goat.
Good deeds will cut out our tongues.
No tree will penetrate a radiant sky.
Can't you see our tents cannot be separated?
Can't you see your one thousand dogs
are not greater than our
one thousand gazelles?

Bruttonationalkummer

Nein, du machst mir keine Angst,
wenn du aus einem White-Hawk-Hubschrauber steigst
und auf der breiten, weißen Marmortreppe
zu einem staatlich finanzierten Spektakel
der Herrklärungen und Lügen schreitest.
Wenn du das Meer teilst,
wirst du in einem Graben landen.
Die Geiß wird den Ziegenbock besteigen.
Gute Taten werden unsere Zungen abschneiden.
Kein Baum wird sich in einen strahlenden Himmel bohren.
Merkst du nicht, dass unsere Zelte untrennbar verbunden sind?
Merkst du nicht, dass deine eintausend Hunde
keineswegs mächtiger sind als unsere
eintausend Gazellen?

Unstable air

I was looking
for the two
black men,
who'd fought
in the Revolutionary War,

buried under
slate slabs
carved with curly-
haired cherubs.
Most of the tablets

had no names
and were broken.
Schoolboys
played ball
on the little mounds

that still looked fresh.
The sun was hard white,
and a chestnut tree
shaded my eyes.
A dense, ball-shaped,

branchy shrub,
with lacy florets,
seemed to represent
the puzzlement of dying
in order to live,

Unbeständige Luft

Ich war auf der Suche
nach den beiden
schwarzen Männern,
Soldaten
im Unabhängigkeitskrieg,

bestattet unter
Schiefersteinen
mit Reliefs locken-
köpfiger Putti.
Die meisten Grabsteine

wiesen keine Namen mehr auf,
sie waren geborsten.
Schuljungen
spielten Ball
auf den kleinen Hügeln,

die noch frisch wirkten.
Grellweißer Sonnenschein,
eine Kastanie
beschirmte meine Augen.
Ein buschiger, rundlicher,

verästelter Strauch
mit Blüten, zart wie Spitze,
war offenbar ein Bild dafür,
wie verstörend es ist,
zu sterben, um zu leben,

or the paradox
of lying in the tomb
of one's master,
whose dust was
as white as yours.

oder für das Paradox,
in der Gruft
seines Herrn zu liegen,
dessen Staub
so weiß ist wie deiner.

Mud or flesh

Before he enters his cell, he strips
and hears a voice muttering,
Well, look how far you've come.
A shy, gruff person, he thinks,
I'm just killing time now.

Though at first he lives and breathes in the mode
of *himself*, soon he forgets the taste of his own lips.
He is just number 15,
on the 11th block, pressing his ear to the vent,
getting up on the gate to listen to fighting,
eating, moaning, and laboring.

I got to have my radio.
I got to keep my mouth shut,
my teeth unexposed.
I got to sleep sitting up.

Every morning, he has his *me* time
on the rusty bowl, at the steel sink, on the saggy mattress.
Gazing at smeared sky,
through a parapet hole above the catwalk,
he forgets the perdition of souls.
He is only a man who once loved number 46
(from the commissary), then number 73
(scrounging cigarettes), then number 44
(fair enough).

Schlamm oder Fleisch

Vor dem Betreten der Zelle zieht er sich aus
und hört eine Stimme murmeln:
Sieh an, du hast es weit gebracht.
Scheu und schroff, wie er ist, denkt er:
Ab jetzt schlage ich bloß Zeit tot.

Anfangs lebt und atmet er noch wie es *ihm* entspricht,
vergisst aber bald den Geschmack der eigenen Lippen.
Er ist schlicht die Nummer 15
in Block elf, drückt sein Ohr aufs Lüftungsloch,
erklimmt seine Tür, um den Schlägereien zu lauschen,
dem Essen, dem Stöhnen, der Mühsal.

Ich muss mein Radio haben.
Ich muss meinen Mund halten,
meine Zähne verbergen.
Ich muss im Sitzen schlafen.

Jeden Morgen hat er Zeit *für sich*
auf dem rostigen Klo, am Metallwaschbecken, auf der verwarzten
    Matratze.
Wenn er durch ein Mauerloch über dem Laufgang
den schlierigen Himmel betrachtet,
vergisst er die Verdammnis der Seelen.
Er ist nur ein Mann, der die Nummer 46 liebte
(aus der Kantine), danach die Nummer 73
(Kippenschnorrer), danach die Nummer 44
(ganz passabel).

Scrubbing off the past that cannot be scrubbed off,
someone leaves the water running,
and Justice comes running with a clinking coil of keys.
No bare feet in the shower. Sleep, eat, shit
when they tell you. Touching only at the start
and end of visitor hour.

A fly dancing around his head believes
he is meat in a refrigerator locker, a fly
that doesn't mind bare walls and recites
for the benefit of his senses:
»Am not I /
A fly like thee?«

Each hour takes small, slow steps, like a drummer
at a funeral. Doing push-ups, he mourns
the moments, like gondolas
dangling from a cable, that created him.
Am I mud or flesh?
                         Lying alone
under bright lamp lights, he hears, far off,
the sounds of the city still beckoning
and feels the airways in his chest tightening,
as his soul-animal huddles with others
in some final agglomeration.

Irgendjemand lässt das Wasser laufen,
als ließe sich die Vergangenheit einfach abschrubben,
und die Justiz eilt mit klirrendem Schlüsselbund herbei.
Nicht barfuß duschen. Schlafen, essen, scheißen,
wenn es befohlen wird. Berührungen sind nur
zu Anfang und Ende der Besuchszeit erlaubt.

Eine Fliege, die seinen Kopf umschwirrt, hält ihn
für Fleisch in einem verriegelten Kühlschrank, eine Fliege,
die sich an kahlen Wänden nicht stört
und zu seiner Erheiterung singt:
»Bin ich denn nicht /
eine Fliege gleich dir?«

Jede Stunde tut kleine, träge Schritte wie ein Trommler
auf einer Bestattung. Während seiner Liegestütze trauert er
den Augenblicken nach, die ihn prägten,
sie hängen wie Gondeln an einem Seil.
Bin ich aus Schlamm oder Fleisch?
        Einsam daliegend,
im grellen Lampenschein, locken in der Ferne
weiter die Geräusche der Stadt,
und er spürt, wie es ihm den Atem abschnürt,
als sich sein Seelentier zwischen die anderen kauert,
eine Art letzter Zusammenballung.

Haiku

After the sewage flowed into the sea
and took the oxygen away, the fishes fled,
but the jellies didn't mind. They stayed
and ate up the food the fishes left behind.
I sat on the beach in my red pajamas
and listened to the sparkling foam,
like feelings being fustigated. Nearby,
a crayfish tugged on a string. In the distance,
a man waved. Unnatural cycles seemed to be
establishing themselves, without regard to our lives.
Deep inside, I could feel a needle skip:
        Autumn dark.
      Murmur of the saw.
       Poor humans.

Haiku

Nachdem die Abwässer ins Meer geströmt waren,
sank der Sauerstoffgehalt, und die Fische flohen,
den Quallen aber machte es nichts aus. Sie blieben
und vertilgten, was die Fische nicht mehr fraßen.
Ich saß in meinem roten Pyjama am Strand
und lauschte der glitzernden Gischt, sie klang,
als würde man Gefühle mit Füßen treten. In der Nähe
schleifte ein Krebs eine Leine hinter sich her. In der Ferne
winkte ein Mann. Offenbar etablierten sich
widernatürliche Kreisläufe, ohne Rücksicht auf unser Dasein.
Tief in mir schien eine Nadel aus der Rille zu springen:
        Herbstliches Dunkel.
        Murmeln der Säge.
        Arme Menschen.

The horsemen

After the flag juggling and the reading of a challenge,
two horsemen charged the effigy of a Saracen –
striking his shield with their lances. He, then,
rotated, threatening the horsemen with his heavy
whip armed with lead and leather balls.
The horseman disarmed lost all his points.
The horseman struck by the whip lost two points.
The horseman hitting the Saracen won
a double score. Then all the knights, soldiers,
musicians, valets, jugglers, and jousters assembled
for the presentation of the golden lance,
but none seemed immortal or free. I lay in some
violets for a while and luxuriated in the sun,
until shadow swallowed up everything.

Die Reiter

Nach Flaggenjonglieren und verlesener Herausforderung
stürmten Reiter gegen eine Sarazenen-Stechpuppe an –
trafen sie ihren Schild mit der Lanze,
drehte sie sich und ließ eine Peitsche wirbeln,
bestückt mit Kugeln aus Leder und Blei.
Der Reiter, dem die Lanze entglitt, verlor alle Punkte.
Der Reiter, den die Peitsche traf, büßte zwei Punkte ein.
Der Reiter, der den Sarazenen traf, erhielt
die doppelte Punktzahl. Danach versammelten sich
alle Ritter, Soldaten, Diener, Jongleure und Turnierkämpfer
zur Überreichung der goldenen Lanze,
nur schien keiner unsterblich oder unbeschwert zu sein. Also lag ich
eine Weile inmitten von Veilchen und genoss die Sonne,
bis die Straße von Schatten verschluckt wurde.

Pheasant

After espresso, friendly banter, and cold
meats; after the shots taken, the near misses,
and more shots; after frenzy in thick woods,
barking pointers, and sprays of grapeshot;
after the trembling, hollering, and retrieving;
after a long table of antipasti, slow-cooked beans,
and tarts served alongside fruit – the pheasant
lay gutted or hung up for moist roasting.
Preferring to run rather than fly, timid around men,
how they startled upward with a wing-whir.
Now I eat what is caught with my own hands
like my father, and feel confused. The charm
flees. I want my life to be borrowing and
paying back. I don't want to be a gun.

Fasan

Nach Espresso, jovialem Geplauder und kalter Platte;
nach dem Geballer, den knappen Fehlschüssen
und weiterem Geballer; nach Tumulten im Dickicht,
anschlagenden Pointern und Salven groben Schrots;
nach dem Bibbern, dem Brüllen, dem Apportieren;
nach den Antipasti auf dem langen Tisch, den gegarten Bohnen
und Obsttörtchen – lag oder hing der Fasan,
bald ein saftiger Braten, ausgeweidet da.
Menschenscheu und lieber laufend als fliegend,
stoben sie in ihrem Schrecken flügelschwirrend auf.
Nun verspeise ich, was ich eigenhändig erlegt habe,
wie einst mein Vater, und bin verwirrt. Der Zauber
verfliegt. Ich möchte im Leben nur noch ausborgen
und zurückgeben. Ich will keine Waffe sein.

Land of never-ending holes

I don't want you to leave.
I don't want you to leave this place I so love, where underbrush, jackrabbits,
    and the desert press in on us.
Waiting under a date palm, with a suitcase and cell phone,
    listening for the train whistle – this is how I picture you.
Don't strut or you will stumble.
Make your mess into a message.
Make your roof tight and your clothing sufficient,
    and you shall never be wanting if you value »the best property of all –
    friends« (Emerson).
Remember the Zen axiom: Nothing lasts, nothing is finished, and nothing is perfect.
Out there is a land of never-ending holes, where brown is the new green.
Out there are omnivorous, dazzling human voices – coarse cries, airy falsettos, heady
    blues, soul, and solemn low rumbles – speaking and teaching.
It is never useless to say something or teach someone.
The obscure human soul – it is sad and happy at once.
Men sweep and stir up the dust, but women sprinkle water and settle it,
    sweetening the air.
Out there, it is swarming, venal, frivolous, vexing, crude, and hypocritical,
    but you must never cease to listen, look, and feel.
If you love a zebra, do not settle for a tapir.
Think of all you have so far as a shelter made of tarp and rope, and build
    something marvelous.

Land der nicht enden wollenden Löcher

Ich will nicht, dass du abreist.
Ich will nicht, dass du diesen Ort, den ich so liebe, verlässt, wo uns
   Gestrüpp und Hasen
      und die Wüste bedrängen.
Mit Koffer und Handy unter einer Dattelpalme wartend,
     auf den Pfiff der Bahn horchend – so sehe ich dich vor mir.
Nicht stolzieren, sonst stolperst du.
Dein Chaos sollte eine Botschaft sein.
Dein Dach sollte dicht, deine Kleidung hinreichend sein,
   und wenn du »das Beste, was man haben kann – Freunde«
      (Emerson) ehrst, wird es dir an nichts mangeln.
Denk an die Zen-Maxime: Nichts währt, nichts ist vollendet,
   nichts ist vollkommen.
Draußen erstreckt sich ein Land der nicht enden wollenden Löcher,
   wo Braun das neue Grün ist.
Draußen ertönen gierige, verstörende menschliche Stimmen –
   kehlige Schreie, hohe Falsette, berauschender
     Blues, Soul und feierliches Dröhnen – sprechend und belehrend.
Etwas zu sagen oder zu lehren ist niemals nutzlos.
Die undurchschaubare menschliche Seele – sie ist traurig und
   glücklich zugleich.
Männer fegen und wirbeln Staub auf, die Frauen aber versprühen
   Wasser und klären die Sicht,
     versüßen so die Luft.
Draußen ist es drangvoll, korrupt, frivol, quälend, gemein und
   verlogen,
     und trotzdem musst du immer horchen, schauen und empfinden.
Wenn du ein Zebra liebst, begnüge dich nicht mit einem Tapir.
Stell dir vor, du hättest nichts außer einer Bude aus Segeltuch und
   Seilen, und errichte
     etwas Wunderbares.

Uplift, transformation, radiance – when you turn the old horse toward them,
    he will always pick up his step.
See those bulbous clouds forming over the small San Gabriel Mountains?
They are greater than any tanks or armored vehicles.
See out there beyond the ash, avocado, lemon, and peppertrees,
    a little trail ends at a highway leading to spin rooms and war rooms,
    but also there are bee spawn, motion dazzle, and maple syrup.
I don't want you to leave.
Out there, in the land of never-ending holes,
    may those who love you love you, as in the proverb,
    but may God turn the hearts of those who cannot love you,
    and if he cannot turn their hearts, may he turn their ankles,
    so you will know them by their limping.

Auftrieb, Verwandlung, Strahlkraft – das alte Pferd
    schreitet schneller aus, wenn es wieder heimwärts geht.
Siehst du, wie sich über den kleinen San Gabriel Mountains
    Kumuluswolken bilden?
Sie übertreffen alle Panzer oder Panzerfahrzeuge.
Sieh, wie der schmale Pfad hinter den Eschen, Avocados, Zitronen
    und Pfefferbäumen auf einen Highway mündet,
        der zu Spin Rooms und Kriegskabinetten führt,
        aber es gibt auch Bienenlaich, Bewegungswirrung und
            Ahornsirup.
Ich will nicht, dass du abreist.
Draußen, im Land der nicht enden wollenden Löcher,
    mögen dich all jene lieben, die dich lieben, wie es im
        Sprichwort heißt,
    und möge Gott all jene, die dich nicht lieben, bekehren,
    und sollte er sie nicht bekehren können, dann möge er ihnen
        die Knöchel verdrehen,
    damit du sie an ihrem Hinken erkennst.

III

Als im Prozess *Bowers vs. Hardwick* 1986 geurteilt wurde, das in der Verfassung verankerte Recht auf Privatheit erstrecke sich nicht auf homosexuelle Handlungen, wandte Justice Blackmun ein:

Die Tatsache, dass sich Einzelpersonen auf grundlegende Art über ihre sexuellen Beziehungen zu anderen definieren, legt im Falle einer so vielfältigen Nation wie der unseren nahe, dass es viele »korrekte« Möglichkeiten geben kann, derlei Beziehungen zu führen, und dass die Qualität einer Beziehung auf der Freiheit beruht, als Einzelperson über Gestalt und Wesen dieser zutiefst persönlichen Bindungen entscheiden zu dürfen.

On pride

I lived in a rooming house then
and tried to be good but was a real
disappointment. A man without cunning
is like an empty matchbox. I can't remember
now the sad, slow procession of words
between us. Only the hurt. *Plug the hole
if the patient is bleeding*, I thought.
*If you do the right thing in the first three minutes
you'll survive.* So we put ice cubes on our napes.
My pride was like a giant, oblong
pumpkin. My words were farting on stone.
Then I kissed you until your face became red.
I can't remember now where the words flew off to,
but what an awful hurt.

(after Apollinaire)

Über den Stolz

Damals lebte ich in einem Wohnheim
und gab mein Bestes, war aber eine bodenlose
Enttäuschung. Ein Mensch, dem es an Gewieftheit mangelt,
gleicht einer leeren Streichholzschachtel. Die triste und zähe
Prozession der Worte, die wir wechselten, erinnere ich
heute nicht mehr. Nur den Schmerz. *Blutet der Patient,
dann stopfe das Loch*, dachte ich.
*Tust du innerhalb der ersten drei Minuten das Richtige,
dann überlebst du.* Also kühlten wir unsere Nacken mit Eiswürfeln.
Mein Stolz glich einem riesigen, länglichen
Kürbis. Meine Worte waren Fürze auf Stein.
Dann küsste ich dich, bis du rot anliefst.
Ich weiß nicht mehr, wohin die Worte entflogen,
aber der Schmerz war entsetzlich.

(nach Apollinaire)

Red dawn

The transfer is done in a dark room
with a red light to keep them calm.

Still, it's stressful, hanging upside down,
when an electrical pulse shuts their hearts down,
and the plucking rubber fingers
and mechanical-rotary knife begin,
the shackle line continually moving,
like sterile meditations on a life,
or the sacrifices one makes for an enigmatic love.

As their legs, thighs, and wings are removed,
their heads are pulled off in a channel,
their hearts and livers preserved as edible offal.

Even in death, will I still want you?
Don't want, can have. Can't have, want.
Sometimes, the empty languor
of the present is almost unbearable.
Worms, crickets, minnows –
after the night, how do they recover so fully?

Rote Abenddämmerung

Der Übergang vollzieht sich in einem dunklen Raum,
der zwecks Beruhigung rot beleuchtet ist.

Trotzdem ein Stressfaktor, kopfüber zu hängen,
während ein Stromstoß den Herzschlag ausknipst,
während in Gummi gehüllte Finger zu zupfen beginnen,
während das Rollmesser mechanisch rotiert
und das Transportband unaufhörlich läuft
wie eine sterile Meditation über das Dasein
oder als brächte man einer obskuren Liebe Opfer dar.

Beine, Schenkel und Flügel werden in einem Tunnel
abgetrennt, genauso die Köpfe,
Leber und Herz als essbarer Abfall aufbewahrt.

Ob ich dich noch will, wenn ich tot bin?
Will nicht, kann haben. Kann nicht haben, will.
Manchmal ist die abgestumpfte Mattigkeit
der Gegenwart fast unerträglich.
Würmer, Grillen, Elritzen –
wie gelingt es ihnen, sich über Nacht ganz zu erholen?

Elevation

Pigs eat the rats that eat the corn,
and we eat the pigs and forget about this.
Life cannot shake off death.
                                          Like a study in genteelness,
you were neatly dressed in a jacket
and trousers. Removing your coffin,
they leant it up against a wall. Things always
start out organized and get messier.
Outside, birds scattered, *jip-jip* and *pip-pip-pip*,
as some new version of America became itself.

Each night I dreamed the dream called *elevation*
in which a wondrous man sought my hand and my heart.
Then I awoke, and he departed.
                                            Look at the flock of pigeons
flying into a thunderhead! I always feel an elevation
when small things overmaster the great.

Beseligung

Schweine fressen die Ratten, die den Mais fressen,
und wir vergessen all das und essen die Schweine.
Das Leben wird den Tod nicht los.
                              Du warst adrett gekleidet
in Sakko und Hose, der Inbegriff
von Eleganz. Sie trugen deinen Sarg aus der Kapelle,
lehnten ihn gegen eine Wand. Vieles ist anfangs
sauber geordnet und gerät dann durcheinander.
Draußen stoben Vögel auseinander, *Jipp-Jipp* und *Piep-Piep-Piep*,
während Amerika eine neue Gestalt annahm.

Ich träumte jede Nacht einen Traum namens Beseligung,
in dem ein wundersamer Mann meine Hand und mein Herz suchte.
Dann erwachte ich, und er verschwand.
                              Sieh nur, der Taubenschwarm
fliegt in eine Gewitterwolke! Ich finde es stets beseligend,
wenn das Große von etwas Kleinem übermannt wird.

Keep me

I found a necktie on the street, a handmade
silk tie from an Italian designer. *Keep me*,
it pleaded from the trash. There's probably
a story it could tell me of calamity days long ago.
Then yesterday, tying a Windsor knot around
my neck, I heard voices, *Why have you got
that old tie on?* Suddenly, Mason, Roy, Jimmy,
and Miguel were pulling at my arms, like it was
the '80s again, a darksome decade, with another
hard-right president. My lips were not yet content
with stillness. We were on our way home
from a nightclub. *I adore you,* Miguel moaned,
*but have to return now. Remember
death ends a life, not a relationship.*

Nimm mich mit

Auf der Straße entdeckte ich die handgenähte
Seidenkrawatte eines italienischen Designers. *Nimm mich mit*,
flehte sie im Müll. Vermutlich hatte sie eine Mär
aus lange zurückliegenden Schreckenstagen zu erzählen.
Gestern dann, ich band einen Windsorknoten,
vernahm ich Stimmen: *Wieso trägst du
diese alte Krawatte?* Auf einmal zerrten Mason, Roy,
Jimmy und Miguel an meinen Armen wie damals,
in den 80ern, einer anderen düsteren Dekade mit einem anderen
rechtslastigen Präsidenten. Meine Lippen wollten sich noch nicht
mit dem Schweigen begnügen. Nach einem Nachtclub-Besuch
fuhren wir heim. *Ich bete dich an*, murmelte Miguel,
*muss jetzt aber zurück. Vergiss nicht,
mit dem Tod endet ein Leben, eine Beziehung aber nicht.*

Epivir, d4T, Crixivan

The new disease came, but not without warning.
The drugs were a toxic combo that kept the sick going
another year. I loved how you talked in your sleep
about free will. Your clothes smelled, but the blood
levels were normal. *Now I have seen the sun god:*
this is what I thought when I first saw you – the face,
the bearing – but perfection of form meant nothing
to you, and we were all just souls carrying around
a corpse. I smoked cannabis while the government slept.
Drug companies held parties in Arizona and Florida.
The profit motive always thrives. To those who didn't
sell well in the bars, it felt like *Revenge of the Nerds*.
Goaded by your hand, I wrote poems, an essence
squeezed out of this matter, memory now.

Epivir, d4T, Crixivan

Die neue Krankheit griff um sich, aber nicht ohne Vorwarnung.
Die toxische Kombi der Medikamente half den Erkrankten
über ein weiteres Jahr hinweg. Ich liebte es, wenn du im Schlaf
vom freien Willen sprachst. Deine Kleider stanken, die Blut-
Werte aber waren normal. *Ich habe den Sonnengott gesehen*:
Das dachte ich, als ich dich kennenlernte – das Gesicht,
das Auftreten –, obwohl dir ein perfektes Äußeres
egal war, alle waren wir Seelen, die einen Kadaver
mitschleppten. Während die Regierung schlief, rauchte ich Gras.
Pharmaunternehmen feierten Partys in Arizona und Florida.
Profitstreben hat stets Konjunktur. Wer in Bars niemanden
aufreißen konnte, dachte, es wäre die *Rache der Nerds*.
Geführt von deiner Hand, schrieb ich Gedichte, eine Essenz,
aus dieser Sache gequetscht, inzwischen Schnee von gestern.

Ginger and sorrow

My skin is the cover of my body.
It keeps me bound to my surroundings.
It is the leather over my spine.
It is the silk over the corneas of my eyes.
Where I am hairless, at the lips and groin,
there is pinkness and vulnerability.
Despite a protective covering of horny skin,
there is no such problem with my fingers,
whose ridges and grooves are so gratifying
to both the lover and the criminologist.
I think perhaps the entire history
of me is here – viper of memory,
stab of regret, red light of oblivion.
Hell would be living without them.

Ingwer und Kummer

Meine Haut ist die Hülle meines Körpers.
Sie verbindet mich mit meiner Umwelt.
Sie ist das Leder über meiner Wirbelsäule.
Sie ist die Seide über der Kornea meiner Augen.
Wo ich unbehaart bin, auf Lippen und Leiste,
ist alles rosig und verletzlich.
Dank einer Schutzschicht aus Hornhaut
gibt es bei meinen Fingern kein solches Problem,
ihre Grate und Rillen erfreuen
sowohl den Geliebten als auch den Kriminologen.
Vielleicht enthalten sie, so mein Gedanke,
meine ganze Geschichte – die Viper der Erinnerung,
der Stich der Reue, das rote Licht des Vergessens.
Ohne all dies wäre das Leben die Hölle.

Rice pudding

Hansel and Gretel were picking strawberries
and listening to a bronze cuckoo.
As the forest mist thickened,
Hansel snuggled up to his little sister,
admitting they were lost.
                                      They were the children
of a broom maker who drank too much.
They did not understand that a wife
is to a husband what the husband makes her,
or that even in our misery life goes on.
Squirrels play. Bees forage. Hemlocks bow.

Sitting at the kitchen table, I eat yesterday's meat,
peas and carrots, with a bowl of rice pudding.
Now that you are dead, my stubborn heart lives.

Reispudding

Hänsel und Gretel pflückten Erdbeeren
und lauschten einem bronzenen Kuckuck.
Als der Nebel im Wald immer dichter wurde,
schmiegte sich Hänsel an seine kleine Schwester
und gestand, sie hätten sich verirrt.
                                        Sie waren die Kinder
eines Besenbinders, der sich zu oft besoff.
Weder verstanden sie, dass eine Ehefrau
für ihren Mann das ist, was dieser aus ihr macht,
noch, dass das Leben allem Elend zum Trotz weitergeht.
Eichhörnchen spielen. Bienen sammeln. Schierlinge verneigen sich.

Ich sitze am Küchentisch und verspeise das Fleisch von gestern,
Erbsen und Möhren, dazu ein Schälchen Reispudding.
Nun, da du tot bist, lebt mein trotziges Herz.

Blizzard

As soon as I am doing nothing,
I am not able to do anything,
existing quietly behind lock and key,
like a cobweb's mesh.
                            It's 4 a.m.
The voices of birds do not multiply into a force.
The sun does not engross from the East.
A fly roams the fingers on my right hand
like worms. Somewhere, in an empty room, a phone rings.
On the street, a bare tree shadows a brownstone.
(Be precise about objects, but reticent about feelings,
the master urged.)
                            I need everything within
to be livelier. Infatuation, sadism, lust: I remember them,

but memory of feeling is not feeling,
a parasite is not the meat it lived on.

Blizzard

Sobald ich nichts mehr tue,
kann ich gar nichts mehr tun,
friste mein Dasein hinter Schloss und Riegel
wie das Gespinst eines Spinnennetzes.
                                        Sechzehn Uhr.
Der Vogelgesang entwickelt keine vielstimmige Kraft.
Die im Osten stehende Sonne bezaubert nicht mehr.
Eine Fliege streunt über die Finger meiner rechten Hand
wie über Würmer. Irgendwo, in einem verwaisten Zimmer,
    klingelt ein Telefon.
Auf der Straße beschatten kahle Bäume ein Brownstone-Haus.
(Objekte erfordern Genauigkeit, bei Gefühlen dagegen ist Vorsicht
    geboten, mahnte der Meister.)
                                      Ich brauche alles, was in mir steckt,
um lebendiger zu sein. Betörung, Grausamkeit, Lust: All das
    erinnere ich,

aber Erinnerungen an Gefühle sind keine Gefühle,
ein Parasit ist nicht das Fleisch, von dem er zehrte.

Dandelions (III)

Everyone has secrets – moments that change them.
I tell my secrets to some dandelions hugging the lichen-like turf.
He was doing lines on a mirror and had sugar spots on his nose.
It made him seem focused, with a conversational prowess.
I was in some kind of low-oxygen dead zone. You flee or suffocate.
Only jellies survive. Maybe I was afraid of emptiness – *horror vacui*.
After the insufflation of the only real love of his life, he texted a
    stranger.
I was brooding. *You will never disembarrass yourself from this*.
Then my love-hate carried me home. *There, I'm done with it*,
I thought, full of my own idea, like transparent glass
made less invisible by a light that goes straight through it
and then bends into a spectrum. Or like a winter day,
when a low bluish sunlight memorializes everything
and long shadows darken out to a void.

Pusteblumen (III)

Jeder hat Geheimnisse – Momente, die verändern.
Ich erzähle meine Geheimnisse ein paar Pusteblumen, die sich auf
   den flechtenartigen Rasen klammern.
Er zog Linien auf einem Spiegel, seine Nase war mit Zucker gepudert.
So wirkte er konzentriert, forsch in der Konversation.
Ich befand mich in einer sauerstoffarmen Todeszone. Man flieht
   oder man erstickt.
Nur Quallen überleben. Vielleicht fürchtete ich die Leere –
   horror vacui.
Nachdem er seine einzig wahre Liebe geschnupft hatte, textete er
   einem Fremden.
Ich grübelte. *Diese Peinlichkeit wird dir ewig anhaften.*
Meine Hassliebe brachte die Entscheidung. *Mann, mir reichts,*
dachte ich, erfüllt von dieser Entscheidung wie klares Glas,
das an Kontur gewinnt, wenn einfallendes Licht
darin in sein Spektrum zerfällt. Oder wie ein Wintertag,
an dem eine fahle, bläuliche Sonne alles denkwürdig macht
und lange Schatten zu einer Leere dunkeln.

On friendship

Lately, remembering anything involves an ability
to forget something else. Watching the news,
I writhe and moan; my mind is not itself.
Lying next to a begonia from which black ants come and go,
I drink a vodka. Night falls. This seems a balm
for wounds that are not visible in the gaudy daylight.
Sometimes a friend cooks dinner; our lives commingle.
In loneliness, I fear me, but in society I'm like a soldier
kneeling on soft mats. Everything seems possible,
as when I hear birds that awaken at 4 a. m. or see
a veil upon a face. Beware, the heart is lean red meat.
The mind feeds on this. I carry on my shoulder
a bow and arrow for protection. I believe whatever
I do next will surpass what I have done.

Auf die Freundschaft

Etwas erinnern zu können, setzt seit Kurzem die Fähigkeit voraus,
etwas anderes zu vergessen. Wenn ich Nachrichten schaue,
stöhne ich und winde mich; mein Geist ist nicht er selbst.
Neben einer Begonie liegend, unter der schwarze Ameisen hin und
   her wuseln,
trinke ich einen Wodka. Die Nacht bricht an. Sie scheint Balsam
für Wunden zu sein, die im grellen Tageslicht verborgen bleiben.
Abends kocht manchmal ein Freund; unsere Leben vermischen sich.
Bin ich einsam, dann habe ich Angst vor mir selbst, in Gesellschaft
   aber gleiche ich einem Soldaten,
der auf weichen Matten kniet. Alles scheint möglich zu sein, etwa
wenn ich um vier Uhr die Vögel erwachen höre oder ein Gesicht
mit Schleier erblicke. Man beachte, das Herz ist mageres rotes Fleisch.
Davon ernährt sich der Geist. Zu meiner Verteidigung trage ich
Pfeil und Bogen über der Schulter. Was ich als Nächstes tue,
so mein Glaube, wird alles zuvor Getane übertreffen.

Corpse pose

Waiting for a deceased friend's cat to die
is almost unbearable. *This is where you live now*,
I explain. *Please stop crying*. But he is like a widower
in some kind of holding pattern around a difficult truth.
His head, his bearing, his movements are handsome to me,
a kind of permanent elsewhere devoted to separation and death.
Please, let's try to forget, dear. We need each other.
I feel I want to tell him something, but I'm not sure what.
So much about life doesn't make sense. Each night,
I do the corpse pose, and he ponders me, with his corpse face,
licking his coat. The Egyptians first tamed his kind.
Their dead were buried in galleries closed up with stone slabs.
When my friend and I were young,
we tramped through woods of black oaks.

Leichenpose

Auf den Tod der Katze eines verstorbenen Freundes zu warten,
ist absolut unerträglich. *Ab jetzt ist dies dein Zuhause*,
erkläre ich. *Bitte hör auf zu winseln*. Aber sie gleicht einer Witwe,
die in einer Schleife feststeckt, auf die heikle Wahrheit wartend.
Ihren Kopf, die Haltung, die Bewegungen finde ich attraktiv,
ein permanentes Anderswo, Trennung und Tod hingegeben.
Bitte, wir sollten das abhaken, Liebe. Wir brauchen einander.
Ich merke, dass ich ihr etwas erzählen möchte, nur weiß ich nicht, was.
Im Leben ergibt so vieles keinen Sinn. Nachts nehme ich stets
die Leichenpose ein, und sie taxiert mich mit ihrem Leichenantlitz,
leckt ihr Fell. Ihre Art wurde zuerst von den Ägyptern gezähmt.
Sie begruben ihre Toten in Gängen, verschlossen mit Steinplatten.
Als wir noch jung waren, mein Freund und ich,
wanderten wir durch Wälder aus schwarzen Eichen.

Man and kitten

It is such a curiously pleasant thing to hold
the tenseness of a kitten – barefooted
and subordinate – with soft, assertive tongue.
Teaching it what I know, I think, *It loves me.*
A man is very nearly a god, a kitten nothing.
A man is self-praising, answering to nobody.
A kitten chooses slavery over hunger.
Tonight: mushrooms and bean curd,
with lemon sauce. A kitten will eat anything.
Its life is mine now. It seems to like this.
It doesn't know my phone doesn't ring.
It doesn't know it reveals my life in a new light,
even secured by a string. Suddenly, there is
trance, illumination, spectacle.

Mensch und Kätzchen

Erstaunlich, wie wohltuend es sein kann,
ein angespanntes Kätzchen zu halten – samtpfotig
und ergeben –, mit weicher, energischer Zunge.
Wenn ich ihm beibringe, was ich weiß, denke ich: *Es liebt mich.*
Ein Mensch ist nahezu gottgleich, ein Kätzchen ein Nichts.
Ein Mensch lobt sich selbst, ist niemandem Rechenschaft schuldig.
Ein Kätzchen lässt sich lieber versklaven als zu hungern.
Heute Abend: Pilze und Tofu
mit Zitronensauce. Ein Kätzchen würde alles fressen.
Ich bestimme über sein Leben. Das scheint ihm zu gefallen.
Es ahnt nicht, dass mein Telefon nicht klingelt.
Es ahnt nicht, dass es mein Leben in ein neues Licht taucht,
obwohl es angeleint ist. Plötzlich gibt es
Trance, Erleuchtung, großes Theater.

Kayaking on the Charles

I don't really like the ferries that make the water a scary vortex,
or the blurry white sun that blinds me, or the adorable small families
of distressed ducklings that swim in a panic when a speedboat cuts
through, spewing a miasma into the river, but I love the Longfellow
Bridge's towers that resemble the silver salt and pepper canisters
on my kitchen table. They belonged to Mother. The Department
of Transportation is restoring the bridge masonry now. Paddling under
its big arches, I feel weary, as memory floats up, ignited by cigarette
butts thrown down by steelworkers. I want to paddle away, too.
Flies investigate my bare calves, and when I slap them hard
I realize they are so happy. I'm their amusement. Sometimes
memories involve someone I loved. A rope chafes a cleat.
I want my life to be post–pas de deux now. Lord, look at me,
hatless, with naked torso, sixtyish, paddling alone upriver.

Kajaktour auf dem Charles River

Die Fähren, die das Wasser bedrohlich strudeln lassen, sind mir nicht geheuer,
genauso wenig die blendende, milchige Sonne und die reizenden Kleinfamilien
der Enten, die panisch davonpaddeln, wenn ein vorbeirasendes
Speedboot den Fluss aufwühlt, doch ich liebe die Türme
der Longfellow Bridge, sie ähneln den Streuern für Pfeffer und Salz
auf meinem Küchentisch. Diese stammen von Mutter. Das Verkehrsministerium
lässt das Mauerwerk der Brücke sanieren. Unter den großen Bögen
durchpaddelnd, ermüde ich, während Erinnerungen hochkommen, angefacht von den weggeworfenen Zigaretten-
Stummeln der Stahlarbeiter. Auch ich möchte davonpaddeln.
Fliegen inspizieren meine bloßen Waden, und wenn ich sie wütend verscheuchen will,
wird mir klar, wie glücklich sie sind. Für sie bin ich ein Zeitvertreib. Manchmal
taucht in den Erinnerungen jemand auf, den ich liebte. Ein Tau streift eine Klampe.
Ich möchte, dass mein Leben ab jetzt post-Pas de deux ist. Meine Güte, man schaue mich an,
hutlos, halbnackt, ein Mittsechziger, allein flussaufwärts paddelnd.

Gay bingo at a Pasadena animal shelter

My bingo cards are empty, because I'm not paying attention.
I can't hear the numbers, because something inward is being given substance.
Then my mother and father appear in the bingo hall and seem sad and solitary.
They are shades now, with pale skin, and have no shame showing their genitals.
This is before I am born and before a little strip of DNA –
mutated in the '30 s and '40 s, part-chimpanzee – overran the community
and before the friends of my youth are victims of discrimination.
I resemble my mother and father, but if you look closer,
you will see that I am different, I am Henri.
Don't pay no mind to the haters, Mother and Father are repeating,
and I listen poignantly, not hearing the bingo numbers called.
I think maybe my real subject is writing as an act of revenge against the past:
                The beach was so white; O, how the sun burned;
he loved me as I loved him, but we did what others told us
and kept this hidden. Now, I make my own decisions.
I don't speak so softly. Tonight, we're raising money for the shelter animals.
The person I call *myself* – elegant, libidinous, austere –
is older than many buildings here, where time moves too swiftly,
taking the measure of my body, like hot sand or a hand leaving its mark,
and the bright sunlight blurs the days into one another.
Still, the sleeping heart awakens,
and, pricked and fed, it grows plump again.

Schwules Bingo in einem Tierheim, Pasadena

Meine Bingo-Karten sind unmarkiert, denn ich passe nicht auf.
Ich bin taub für die Zahlen, weil etwas Innerliches hochkommt.
Dann erscheinen meine Eltern im Bingo-Saal, sie wirken einsam
  und betrübt.
Sie sind nur noch Schatten mit bleicher Haut und haben keine
  Scheu, ihre Geschlechtsteile zu zeigen.
Dies ist vor meiner Geburt, bevor eine DNA-Sequenz – mutiert in
  den 30ern und 40ern und teils von Schimpansen stammend –
  die Community heimsuchte,
bevor meine Jugendfreunde Opfer von Diskriminierung werden.
Ich ähnele Mutter und Vater, aber bei einem genaueren Blick
würde man merken, dass ich anders bin, ich bin Henri.
Vergiss die gehässigen Idioten, wiederholen Mutter und Vater,
und ich lausche aufmerksam, nehme die ausgerufenen Bingo-
  Zahlen nicht wahr.
Vielleicht, denke ich, verstehe ich das Schreiben in Wahrheit als
  Racheakt an der Vergangenheit:
                    Der Strand war so weiß; oh,
                    wie die Sonne brannte;
ich liebte ihn, er liebte mich, aber wir befolgten den Rat der anderen
und hielten es geheim. Inzwischen entscheide ich selbst.
Ich halte mich nicht mehr bedeckt. Heute Abend sammeln wir Geld
  für das Tierheim.
Jene Person, die ich als mein *Selbst* verstehe – elegant, lüstern,
  ernsthaft –,
ist älter als viele Gebäude hier, wo die Zeit zu schnell vergeht,
sie nimmt Maß an meinem Körper wie heißer Sand oder eine Hand,
  die ihren Abdruck hinterlässt,
und im grellen Sonnenschein verschwimmen die Tage.
Dennoch erwacht das schlafende Herz,
und gewinnt, angestochen und gefüttert, wieder an Fülle.

Inhalt

I

Face of the bee | Gesicht der Biene	8 | 9
On peeling potatoes | Über das Kartoffelschälen	10 | 11
Black mushrooms | Schwarze Pilze	12 | 13
Lingonberry jam | Preiselbeermarmelade	14 | 15
To a snail | Auf eine Schnecke	16 | 17
To a bat | Auf eine Fledermaus	18 | 19
Jelly | Jelly	22 | 23
To the oversoul | An die All-Seele	24 | 25
The party tent | Das Partyzelt	26 | 27
At the grave of Robert Lowell | Am Grab von Robert Lowell	28 | 29
Recycling | Recycling	30 | 31
Departure | Abflug	32 | 33
Paris is my Seroquel | Paris ist mein Seroquel	34 | 35
Human highway | Menschlicher Highway	36 | 37

II

Doves | Tauben	40 | 41
Goya | Goya	42 | 43
Weeping cherry | Trauerkirsche	44 | 45
Migrants devouring the flesh of a dead horse | Flüchtlinge, das Fleisch eines toten Pferdes verzehrend	46 | 47
To a root in air | Auf eine in die Luft ragende Wurzel	48 | 49
(Re)creation | (Re)Generation	50 | 51
Super bloom | Megablüte	52 | 53
Gross national unhappiness | Bruttonationalkummer	54 | 55
Unstable air | Unbeständige Luft	56 | 57
Mud or flesh | Schlamm oder Fleisch	60 | 61
Haiku | Haiku	64 | 65

The horsemen | Die Reiter   66 | 67
Pheasant | Fasan   68 | 69
Land of never-ending holes |
    Land der nicht enden wollenden Löcher   70 | 71

III

On pride | Über den Stolz   76 | 77
Red dawn | Rote Abenddämmerung   78 | 79
Elevation | Beseligung   80 | 81
Keep me | Nimm mich mit   82 | 83
Epivir, d4T, Crixivan | Epivir, d4T, Crixivan   84 | 85
Ginger and sorrow | Ingwer und Kummer   86 | 87
Rice pudding | Reispudding   88 | 89
Blizzard | Blizzard   90 | 91
Dandelions (III) | Pusteblumen (III)   92 | 93
On friendship | Auf die Freundschaft   94 | 95
Corpse pose | Leichenpose   96 | 97
Man and kitten | Mensch und Kätzchen   98 | 99
Kayaking on the Charles | Kajaktour auf dem Charles River   100 | 101
Gay bingo at a Pasadena animal shelter |
    Schwules Bingo in einem Tierheim, Pasadena   102 | 103

Die Stiftung Lyrik Kabinett unterhält in München die zweitgrößte auf Lyrik spezialisierte Bibliothek Europas mit aktuell ca. 65 000 Bänden, darunter zahlreiche hochwertige Künstlerbücher. Im Lyrik Kabinett finden regelmäßig Lesungen deutschsprachiger und internationaler Poesie statt, das Spektrum reicht dabei von der Antike bis in die Gegenwart. Die Stiftung führt kreative Programme an Schulen durch, sie fördert eine lebendige Lyrik-Szene genauso wie das Bewusstsein für literarische Traditionen über Sprach- und Kulturgrenzen hinweg.

Die Stiftung ist entstanden aus einer mäzenatischen Initiative und wird unterstützt durch einen Freundeskreis. Wenn Ihnen Gedichte und der Austausch über sie wichtig sind, besuchen Sie uns:

Stiftung Lyrik Kabinett
Amalienstraße 83a
80799 München

www.lyrik-kabinett.de
www.facebook.com/lyrikkabinett

Die in diesem Band versammelten Gedichte erschienen im Original 2020 unter dem Titel *Blizzard* bei Farrar, Straus and Giroux in New York.

Der Autor dankt dem Radcliffe Institute for Advanced Study der Harvard University, der Civitella Ranieri Foundation und dem Blue Mountain Center für ihre Unterstützung und Freundschaft.

Das Zitat auf S. 39 stammt aus: Seamus Heaney, *Ausgewählte Gedichte*, aus dem Englischen von Giovanni Bandini und Ditte König
© 1995 Carl Hanser Verlag GmbH & Co. KG, München.

www.hanser-literaturverlage.de

ISBN 978-3-446-27759-5
BLIZZARD: POEMS by Henri Cole
© 2020 by Henri Cole
Published by arrangement with Farrar, Straus and Giroux, New York
Alle Rechte der deutschen Ausgabe
© 2023 Carl Hanser Verlag GmbH & Co. KG, München
Umschlag: Peter-Andreas Hassiepen, München,
nach einem Entwurf von Jeff Clark
Foto: © Charles Gross
Satz im Verlag
Druck und Bindung: Friedrich Pustet, Regensburg
Printed in Germany